suhrkamp taschenbuch 4221

Nichts Großartigeres gibt es als das Leben – und nichts Verwickelteres. Dabei hat jede Zeit im Leben ihren ganz eigenen Blick auf die Welt und die Existenz darin. Max Frisch erprobt die Perspektiven und entdeckt in jeder einen ganz eigenen Gewinn. Allen gemeinsam ist ein Bekenntnis: *Leben, ja.*

Margit Unser, 1956 in Walldorf bei Heidelberg geboren, studierte Geschichte, Philosophie und Pädagogik in Mainz. Sie ist seit Juli 2008 Leiterin des Max Frisch-Archivs in Zürich, wo sie auch lebt.

Max Frisch
Leben, ja

Herausgegeben von Margit Unser

Suhrkamp

suhrkamp taschenbuch 4221
Erste Auflage 2011
Suhrkamp Taschenbuch Verlag
Für diese Auswahl

Druck und Bindung: Kösel, Krugzell
Printed in Germany
Einbandgestaltung: Göllner, Michels
ISBN 978-3-518-46221-8

1 2 3 4 5 6 – 16 15 14 13 12 11

Leben, ja

Warum folgen wir unserer Sehnsucht nicht? Warum eigentlich? Warum knebeln wir sie jeden Tag, wo wir doch wissen, daß sie wahrer und reicher und schöner ist als alles, was uns hindert, was man Sitte und Tugend und Treue nennt und was nicht das Leben ist, einfach nicht das Leben, das wahre und große und lebenswerte Leben! Warum schütteln wir es nicht los? Warum leben wir nicht, wo wir doch wissen, daß wir nur ein einziges Mal da sind, nur ein einziges und unwiederholbares Mal, auf dieser unsagbar herrlichen Welt! Antwort, S. 96f.

O Wein, man trinkt dich wie Sonne und prickelnden Schaum, Funken von Laune, nichts weiter, und nachher, unversehens, sind wir trunken, heiter vom Tiefsinn deiner lächelnden Schwermut; wir wanken, wir singen durch Gassen, laut, daß es hallt, oder wir zanken. Immerzu, leise wie eine Glocke aus Glas, weint es in uns. Lange noch, lange noch! Man trinkt dich, o Wein, nichts leichter als das … Bin, S. 653

»Schau es nur an«, sagt der Engel: »So ist das Leben der Menschen – hier und überall, heute und immer.«
Ich schaue.
»Möchtest du ein Mensch sein?«
Ich zögere.
»Wenn ich nicht geboren wäre«, sage ich höflich: »– nein.«
Mein Engel lächelt.
»Du bist aber geboren!«
»Ich weiß«, sage ich: »Und drum hange ich auch so am Leben –«
Ich hange am Leben, das ist wahr, auch wenn es mir manchmal verleidet ist. Manchmal mitten am Tag, so, daß ich Wein trinke; mitten auf einer Reise, um die ich mich beneiden sollte. Mit den malerischen Reizen, die unsere abendländische Verlotterung haben kann, tröste sich, wer kann! Manchmal ist es mir einfach verleidet, dieses überall von Ruinen, von alten und neuen, das wanzenhafte Gewimmel der Menschen im stinkenden Abfall ihrer Jahrhunderte. Ob es dann eine römische Arena ist oder ein Palast von verwittertem Mittelalter oder eine gesprengte Eisenbahnbrücke, kaputt ist kaputt! Etwas Ganzes möchte ich sehen, nicht Reste oder Teile oder Ansätze eines Ganzen, sondern etwas Ganzes, soweit ich sehe, nicht Landschaft, sondern Menschenwerk, Menschenwelt ohne Schaden, ohne Zerfall, ohne

Verlotterung und Verlumpung, ohne Verwesung, ohne die penetrante Fratze der Vergängnis ... Nicht einmal um die Kinder, die da im Schutte spielen, ist Hoffnung, Gloriole der Zukunft; sie werden zur Schule gehen und erwachsen werden, gewiß, aber nicht anders als die Erwachsenen von jetzt; hin und wieder werden sie die Marseillaise singen, gewiß, die Inbrunst und Hoffnung ihrer Ahnen: Le jour de gloire est arrivé! – Wir haben den Zug verpaßt, sonst wären wir jetzt in Marseille; wir haben Zeit, Constanze und ich, Zeit wie die Männer, die drüben auf den Bänken hocken, die Arme auf der gußeisernen Lehne, das Kinn auf den Armen. Was sie machen? Sie schauen auf die Straße. Es ist Donnerstag. Einmal kommt ein Begräbnis, ein kleiner Menschenzug, voran ein weißer Priester und ein Meßknabe, ein schwarzer Wagen mit gemaltem Silber, dahinter eine Witwe und etwas Gefolge im geduldigen Schritt. Da stehen sie auf, die Männer gegenüber, und ziehen ihre Mützen. Und irgendwo über den Dächern bimmelt eine Glocke. Der Mistral wirbelt das Laub. Kurz darauf ein Lastwagen mit jungen Burschen, die etwas feiern, wir haben sie schon vorher getroffen, betrunken und grölend; ein Lastwagen mit sieben Trikoloren. Vorbei. Die Luft ist wie ein Gespinst aus Glas, spröde und herbstlich, heiter, man sieht die Nähe des Meeres. Die Totenglocke bimmelt noch immer. Einmal ein kleiner Esel, der langsam einen girrenden Karren zieht, einen Zweiräder, traumhaft langsam; auf einem Bündel von Heu sitzt eine krumme, uralte Greisin, anzusehen wie die Historie in Person, immerzu überholt von hupenden Autobussen. Und dann, kurz darauf, zwei schlendernde Soldaten: zwei Schwarze – Leben ohne Zerfall, Gegenwart ohne Schaden, zwei Kinder der Zukunft … TB1, S. 333f.

»Offen gestanden: noch habe ich keine ferne Ahnung, wie diese ersehnte Tat aussehen mag. Aber Bereitsein ist alles, und das Leben wird nicht auf sich warten lassen mit Forderungen, die uns auf die Probe stellen. Darum bin ich voll Hoffnung, voll Sehnsucht nach der Stunde, wo das Leben herantritt und mir ins Ohr sagt: Sei Mensch! Bis dahin gibt es bloß eine Übung: wach sein, ehrlich sein!« Reinhart, S. 305

Es war ein Abend im März. Wir hatten in der ledernen Nische eines Kaffeehauses gesessen wie all die Abende, wenn man vom Geschäft kommt, einen Kirsch trinkt, eine Zeitung liest. Auf einmal, nach Jahren des Wartens, sieht man sich von der Frage betroffen, was wir an diesem Ort eigentlich erwarten. Mindestens die Hälfte des Lebens ist nun vorüber,

und insgeheim fangen wir an, uns vor dem Jüngling zu schämen, dessen Erwartungen sich nicht erfüllen. Das ist natürlich kein Zustand. Ich winkte dem Kellner, zahlte und ging. Den Mantel, den er mir halten wollte, nahm ich auf den Arm, ebenso die Rolle – Draußen war es ein unsäglicher Abend.
Ich ging. Ich ging in der Richtung einer Sehnsucht, die weiter nicht nennenswert ist, da sie doch, wir wissen es und lächeln, alljährlich wiederkommt, eine Sache der Jahreszeit, ein märzliches Heimweh nach neuen Menschen, denen man selber noch einmal neu wäre, so, daß es sich auf eine wohlige Weise lohnte, zu reden, zu denken über viele Dinge, ja, sich zu begeistern, Heimweh nach ersten langen Gesprächen mit einer fremden Frau. O, so hinauszuwandern in eine Nacht, um keine Grenzen bekümmert! Wir werden schon keine, die in uns liegt, je überspringen …

Bin, S. 604

Ringsum die brandende Stadt, arbeitsam und rege, das Hupen der Wagen, das hohle Dröhnen von den Brücken – und hier diese grünende Insel der Stille, der Muße; es ist die erste am Tage, und ringsum läuten die Glocken, es hängt wie ein Summen über den Straßen und Plätzen, über den Alleen, über den Zinnen mit flatternder Wäsche, über dem See. Es ist

Samstag. Es ist elf Uhr, die Stunde, wie ich sie liebe: alles in uns ist noch wach, heiter ohne Überschwang, fast munter wie das rieselnde Baumlicht über den marmornen Tischlein, nüchtern, ohne die Hast einer wachsenden Verzweiflung, ohne die abendlichen Schatten der Melancholie –
Alter zwischen dreißig und vierzig. TB1, S. 18

»Herr Doktor«, sage ich, »es hängt alles davon ab, was wir unter Leben verstehen! Ein wirkliches Leben, ein Leben, das sich in etwas Lebendigem ablagert, nicht bloß in einem vergilbten Album, weiß Gott, es braucht ja nicht großartig zu sein, nicht historisch, nicht unvergeßlich, Sie verstehen mich, Herr Doktor, ein wirkliches Leben, und das kann das Leben einer sehr einfachen Mutter sein oder das Leben eines großen Denkers, eines Gründers, dem es sich in Weltgeschichte ablagert, aber das muß nicht sein, meine ich, es kommt nicht auf unsere Bedeutung an. Daß ein Leben ein wirkliches Leben gewesen ist, es ist schwer zu sagen, worauf es ankommt. Ich nenne es Wirklichkeit, doch was heißt das! Sie können auch sagen: daß einer mit sich selbst identisch wird. Andernfalls ist er nie gewesen! Sehn Sie, Herr Doktor, das meine ich: ein Gewesen-Sein, und wenn's noch so miserabel war, ja, am Ende kann es sogar eine bloße

Schuld sein, das ist bitter, wenn sich unser Leben einzig und allein in einer Schuld abgelagert hat, in einem Mord zum Beispiel, das kommt vor, und es brauchen keine Aasgeier darüber zu kreisen, Sie haben recht, Herr Doktor, das alles sind ja nur Umschreibungen. Sie verstehn mich? Ich rede sehr unklar, wenn ich nicht zur Entspannung einfach drauflos lüge? Ablagerung ist auch nur ein Wort, ich weiß, und vielleicht reden wir überhaupt nur von Dingen, die wir vermissen, nicht begreifen. Gott ist eine Ablagerung! Er ist die Summe wirklichen Lebens, oder wenigstens scheint es mir manchmal so. Ist das Wort eine Ablagerung? Vielleicht ist das Leben, das wirkliche, einfach stumm – und hinterläßt auch keine Bilder, Herr Doktor, überhaupt nichts Totes! ...«

Stiller, S. 409f.

Ich hatte keinen besonderen Anlaß, glücklich zu sein, ich war es aber. Ich wußte, daß ich alles, was ich sehe, verlassen werde, aber nicht vergessen: – die Arkade in der Nacht, wo ich schaukle und schaue, beziehungsweise höre, ein Droschkenpferd wiehert, die spanische Fassade mit den gelben Vorhängen, die aus schwarzen Fenstern flattern, dann wieder das Wellblech irgendwo, sein Hall durch Mark und Bein, mein Spaß dabei, meine Wollust, Wind, nichts als

Wind, der die Palmen schüttelt, Wind ohne Wolken, ich schaukle und schwitze, die grüne Palme ist biegsam wie eine Gerte, in ihren Blättern tönt es wie Messerwetzen, Staub, dann die Gußeisen-Laterne, die zu flöten beginnt, ich schaukle und lache, ihr zuckendes und sterbendes Licht, es muß ein beträchtlicher Sog sein, das wiehernde Pferd kann die Droschke kaum halten, alles will fliehen, das Schild von einem barber-shop, Messing, sein Klingeln in der Nacht, und das unsichtbare Meer spritzt über die Mauern, dann jedesmal Donner im Boden, darüber zischt es wie eine Espresso-Maschine, mein Durst, Salz auf den Lippen, Sturm ohne Regen, kein Tropfen will fallen, es kann nicht, weil keine Wolken, nichts als Sterne, nichts als der heiße und trockene Staub in der Luft, Backofenluft, ich schaukle und trinke einen Scotch, einen einzigen, ich vertrage nichts mehr, ich schaukle und singe. Stundenlang. Ich singe! Ich kann ja nicht singen, aber niemand hört mich, das Droschkenpferd auf dem leeren Pflaster, die letzten Mädchen in ihren fliegenden Röcken, ihre braunen Beine, wenn die Röcke fliegen, ihr schwarzes Haar, das ebenfalls fliegt, und die grüne Jalousie, die sich losgerissen hat, ihr weißes Gelächter im Staub, und wie sie über das Pflaster rutscht, die grüne Jalousie, hinaus zum Meer, das Himbeer-Licht im Staub über der weißen Stadt in der Nacht, die Hitze, die Fahne von Cuba – ich schaukle und singe, nichts weiter, das Schaukeln der leeren Sessel neben mir, das flötende Gußeisen, die Wirbel von Blüten. Ich preise das Leben! HF, S. 871f.

Wozu man lebe? [...]
Ob man das denn wissen müsse? fragt sie, ein bißchen unsicher und sehr unschuldig ...
Sie habe es nie gewußt, sagt sie dann nach einem offenbaren Nachdenken. Sie habe einfach so gelebt. Mal traurig und mal heiter, wie es im Leben eben komme. [...] Aber so im großen ganzen, sagt sie nach einer Weile, sie glaube doch, daß sie gerne lebe; nachgedacht habe sie darüber noch nie.
Dann schaut sie ihn an:
Ob er es denn wisse, wozu man lebe? fragt sie und scheint nicht erschüttert, als er gesteht, daß auch er es nicht wisse, obschon er darüber nachgedacht habe; sie lächelt nur:
»Aber sehen Sie – Sie leben ja auch.«
Wenn man das schon Leben heißen könne! sagt er mit seinem höhnischen Lachen, während er seine Pfeife an der Mauer ausklopft ...
Manchmal meine er, das Leben müsse ein Ding sein, das größer sei, unsagbar größer als alles, was er je erfahren habe, und das sei vielleicht die einzige

Hoffnung, die einen immer noch am Leben erhalte: daß man das Leben vielleicht noch gar nicht kenne, nur seinen Namen. Antwort, S. 77ff.

Alles ist wie nicht geschehen … Es ist ein Tag im September, und wenn man aus den finstern und gar nicht kühlen Gräbern wieder ans Licht kommt, blinzeln wir, so grell ist der Tag; ich sehe die roten Schollen der Äcker über den Gräbern, fernhin und dunkel das Herbstmeer, Mittag, alles ist Gegenwart, Wind in den staubigen Disteln, ich höre Flötentöne, aber das sind nicht die etruskischen Flöten in den Gräbern, sondern Wind in den Drähten, unter dem rieselnden Schatten einer Olive steht mein Wagen grau von Staub und glühend, Schlangenhitze trotz Wind, aber schon wieder September: aber Gegenwart, und wir sitzen an einem Tisch im Schatten und essen Brot, bis der Fisch geröstet ist, ich greife mit der Hand um die Flasche, prüfend, ob der Wein (Verdicchio) auch kalt sei, Durst, dann Hunger, Leben gefällt mir –

Gantenbein, S. 1162

»Wenn ich am abendlichen Ufer sitze, einmal möchte ich wandeln können über das Wasser, über die Tiefe voll perlmutterner Wolken, oder ich möchte, wenn ich auf dem Hügel stehe und meine Pfeife rauche, die Hände in den Hosentaschen, ich möchte die Arme von mir strecken, so wie man im Traume es kann, und niedergleiten über die Hänge, über die abendlichen Wipfel der Tannen, über Gehöfte und Dächer, über Kamine, über die Felder mit den Obstbäumen darin, mit Pflügen und dampfenden Rossen darin, über die Drähte voll tödlichen Stromes, über den Kirchhof hinweg, den geschlossenen – nicht einmal fliegen wie ein Vogel, der aufwärts steigt und sich erhebt, oh, ich bin es zufrieden, wenn du mich gleiten ließest, Engel, nur eine Weile lang: zurück in die Gefangenschaft unsrer Schwere! … Das alles aber, Engel, es soll nicht ein Traum sein. Ganz wirklich soll es sein, das Unglaubliche. Und niemals braucht es wiederzukehren. Und niemand, den ich im Ehrgeiz bedenke, niemand muß es erfahren und glauben. Es sei mir genug, wenn ich allein es weiß: Einmal bin ich über das Wasser gegangen, ganz wirklich. Und niemals brauchte es wiederzukehren!«

TB1, S. 18f.

»Wir nennen es die Wochentage. Das heißt, jeder Tag hat seine Nummer und seinen Namen, und am siebenten Tage, plötzlich, läuten die Glocken; dann muß man spazieren und ausruhen, damit man wieder von vorne beginnen kann, denn immer wieder ist es Montag –«

»Wie entsetzlich!« meinte die Dame.

»Ja«, nickte ich, »so darf man es nennen.«

»Wer zwingt sie denn dazu?«

»Wer …?«

»Wird es den Menschen nicht schwindlig dabei?«

»Schwindlig?« sagte ich, »Gewöhnung ist alles. Wir können uns ein Dasein ohne Wochentage gar nicht vorstellen. Sie werden nun denken: Das ist ja ein Dasein, das sich nicht lohnt … und doch weinen sie, wenn einer stirbt. Überhaupt ist alles voll Widerspruch und Widersinn, ganz komisch. Unsere Seele gleicht einem Schneeschaufler, sie schiebt einen immer wachsenden, immer größeren und mühsameren Haufen von ungestilltem Leben vor sich her, macht sich müde und alt, das Ergebnis besteht darin, daß man dagewesen ist, und dennoch setzen wir alles daran, daß wir möglichst lange nicht sterben. Wir erfinden Mittel um Mittel, denn bei alledem sind wir klug, fleißig, wir arbeiten wie die Ameisen –« Bin, S. 640f.

Man könne ja nicht einmal wissen, meint er, ob man in seinem Leben schon einmal glücklich gewesen sei. Als junger Mensch habe er es oft gemeint: Das ist das Glück. Aber wenn er sich erinnere, sagt er, und wenn

er alles zusammennehme, was er einmal Glück genannt habe, und wenn er bedenke, daß es die Ernte von drei Jahrzehnten sei, von einem halben Leben, von einer ganzen Jugend –
Es wäre sehr traurig, lächelt er später nur, wenn das schon das Glück wäre, das Glück, wovon wir immer soviel reden und wofür wir soviel anderes hinnehmen, soviel Häßliches und Gewöhnliches, soviel Lächerliches vor allem, soviel Alltag. […]
Er glaube nicht, sagt er dann, und vielleicht weiß er nicht einmal, daß er es sagt und wem er es sagt: er glaube nicht, daß er schon gelebt habe.

Antwort, S. 79f.

Wie merkwürdig: Man reiste nach Wien und gab sein Studium auf, um sie aufzusuchen, weil man nicht leben konnte ohne sie, und als man in Wien stand, besuchte man sie nicht und entschloß sich zum Weiterreisen. Irgendwohin. Es wäre niemals etwas draus geworden. Und man wollte sich einmal durchschlagen, vorwärtskommen. Irgendwie. Man wollte endlich älter werden … Reinhart, S. 244

»Wenn die Welt nichts anderes wäre als schön«, sagte der Maler im Weitergehen, »man könnte sich mit

dreißig Jahren in den Sarg legen, denke ich oft, am helllichten Tage!« [...]
»Man weiß eigentlich nur, daß es so nicht weitergeht ... diese erbärmliche Einsicht, die nichts ändert! Man weiß, daß es noch ganz anderes geben muß auf dieser Erde, ganz anderes als nur das Schöne. Das heißt, man weiß es eben nicht! ... Ich meine nicht die Geschmäckler; auch das Grauenvolle, das Fürchterliche, das einen aufschreien läßt, das Erschütternde ist schön in unserem Sinne, alles, alles innerlich Wirkliche, was den Bogen unseres Lebens spannt!«
Und auch das genügte nicht? Schwierigen, S. 434f.

Am See

Oft am Morgen, wenn ich an die Arbeit fahre, steige ich vom Rad, erlaube mir eine Zigarette; das Rad schließe ich nicht ab, damit ich nicht zu lange verweile, hier wo das Wasser um die Ufersteine spielt. Eigentlich ist es ein Lagerplatz, nicht eine Anlage; zuweilen stapeln sie Kuchen von schwarzem Teer, Berge von Kies, den sie mit Lastwagen bringen und holen, und dann wieder ist alles leer; nur die hölzernen Schuppen bleiben, die großen Bruchsteine, die Eidechsen, das verrostete Blech, natürlich auch die

Gruppe der Birken, das verwilderte Gras, der See und die Verbotstafel, die mich jahrelang abschreckte; die offene Weite dahinter. Jetzt ist der Platz, wo man auch baden kann, zur täglichen Zuflucht geworden, und ob ich auf dem Heimweg bin, verbraucht von einem grämlichen Tag, oder ob es wieder an die Arbeit geht, die ebenso grämlich sein wird wie gestern und vorgestern, immer fühle ich mich voll Zuversicht und Erwartung, solange ich gegen das Wasser fahre. Einmal wird auch hier ein Gendarm kommen, der nach einem Ausweis fragt; Ordnung muß sein! Es ist das letzte natürliche Ufer in unsrer Gegend; manchmal stinkt es. Ein paar verfaulte Schuhe liegen im Wasser, Scherben von Tassen und Flaschen, anderswo schimmert die weiße Rundung von einem zerbrochenen Klosett, und unter dem Sandstein, den ich mir zurecht rücke, wimmelt es von Asseln. Es ist noch Sommer, aber die Morgen sind herbstlich. Mit versponnener Sonne, mit verblauenden Ufern. Birken und Buchen hangen über den See; violett und märchenhaft verzweigen sich ihre Schatten auf dem lichten Kieselgrund, überschillert von grünlicher Kühle. Man könnte stundenlang hinschauen. Das Wasser, ob es eine Quelle ist, ein stürzender Bergbach oder ein Fluß, ein zahmer und friedlicher See, immer hat es das Gefälle zum Meer, zur Größe, und es ruht nicht, bevor es teilhat an der Größe, an der wässer-

nen Wölbung unseres Gestirnes. Vielleicht ist es das, was zum Wasser lockt; unter anderem. Und dann das grüne Licht unter einer Barke, die an der Boje liegt; Schattenwasser, aber durchleuchtet von der Sonne, die jenseits der Barke in die Tiefe sinkt; hin und wieder sieht man ein Rudel von kleinen Fischen darin, schattengrau, plötzlich entblößt von der tarnenden Spiegelung. Wieder kommen die beiden Schwäne, lautlos, aufrecht, hastlos und herrlich, und über der wässernen Spiegelung zittert der Lärm der nahen Stadt; das Rollen einer Straßenbahn, das Dröhnen der Brücke, das Rasseln eines Krans, das unbestimmbar Geschäftige. Schon lange hat es acht Uhr geschlagen; man denkt an die Hunderttausend, die jetzt an ihren Pültchen sitzen, und das schlechte Gewissen, ich weiß, es wird mich erfassen, sobald ich das Rad wieder besteige. Am Wasser aber fühle ich mich frei, und alles, was auf dem Land sich tut, liegt hinter mir und nicht auf meinem Weg; ich weiß genau um meine Versäumnisse, die sich mehren mit jedem Glockenschlag; aber die Schwäne sind wirklicher, das plötzliche Gerausch der Wellen und das blinkende Gekringel auf dem Kieselgrund, das Kreischen der Möwen, die auf den Bojen sitzen. Oft, während ich hier sitze, immer öfter wundert es mich, warum wir nicht einfach aufbrechen –
Wohin?

Es genügte, wenn man den Mut hätte, jene Art von Hoffnung abzuwerfen, die nur Aufschub bedeutet, Ausrede gegenüber jeder Gegenwart, die verfängliche Hoffnung auf den Feierabend und das Wochenende, die lebenslängliche Hoffnung auf das nächste Mal, auf das Jenseits – es genügte, den Hunderttausend versklavter Seelen, die jetzt an ihren Pültchen hocken, diese Art von Hoffnung auszublasen: groß wäre das Entsetzen, groß und wirklich die Verwandlung. TB1, S. 57f.

Das ginge wohl auch andern so, meint sie. Daß man sich mitunter sehr überflüssig vorkomme, weil man für niemand da sei, nur für sich, und weil das ja wirklich nicht genug sei. Und daß man am Abend auf dem Bettrand sitze und erschrecke, wie rasch eine Jugend vertan sei, und wie wenig Glück man empfangen oder gestiftet habe. Das ginge vielleicht auch andern so, und sie meint es vielleicht als Trost, wenn sie ihm sagt, das sei wohl das gewöhnliche Leben. [...]
Das gewöhnliche Leben ...
Nein! sagt er nur und schüttelt den Kopf: das sei es ja eben, dann wolle er schon lieber nicht leben, so nicht, als gewöhnlicher Mensch nie und nimmer!

Antwort, S. 82f.

Noch einmal das Meer ... Begreifst du, was ich meine? Noch einmal die Weite alles Möglichen: nicht wissen, was der nächste Augenblick bringt, ein Wort, das ans andere Ende der Welt lockt, ein Schiff, ein Zufall, ein Gespräch in der Spelunke, einer sagte: Hawai! Und da man erwacht, ringsum das Klatschen der Wellen, nichts als der Himmel, nichts als die Wölbung des Wassers, Kontinente hangen daran, irgendwo, und die ich liebe, die ich denke im einsamen Jubel solcher Stunde, sie alle sind weit von hier, sie sind auf dem gleichen Gestirn, das blühend durch die Weltnacht schwebt – ja: da unten, die Füße gegen meine Füße, wandeln sie! [...]
Seit ich mit diesem Fremdling gesprochen habe, wie fühle ich auf einmal, daß wir sterblich sind! Vor uns die Unzeit, das finstere Unwissen der Dinge; nach uns die Unzeit, das finstere Unwissen der Dinge, die Leere eines Gottes, der in Vulkanen versprüht, in Meeren verdunstet, in Urwäldern blüht und verwelkt, verwest und verkohlt und abermals blüht, ein Gott, der kein Auge hat, seine endlosen Sommer zu schauen – wir aber, wir, seine einzige Hoffnung, daß er geschaut werde, daß er sich spiegle in dem Glanze eines sterblichen Menschenauges, wir, dieser unwahrscheinliche Augenblick, den man die Menschheit nennt, wir, dieser Sonderfall eines einzelnen, eines langsam erkaltenden Gestirnes ... und ich, ich selber ein Funke

dieses Weltaugenblickes: das zu fühlen, das zu wissen, das zu leben – […]
Elvira, ich möchte noch einmal leben, noch einmal weinen können, lachen können, noch einmal lieben können und erschauern vor dem Duft einer Nacht, jauchzen können. Wir erinnern uns kaum, was das war; es waren ja nur Augenblicke in Jahren. Ich möchte noch einmal fühlen, welche Gnade es ist, daß ich lebe, in diesem Atemzuge lebe – bevor es uns einschneit für immer. Santa Cruz, S. 44f.

Wo käme man hin, Madame, ohne Axt. Heutzutage. In dieser Welt der Papiere, in diesem Dschungel von Grenzen und Gesetzen, in diesem Irrenhaus der Ordnung … Haben Sie einen Kugelschreiber? … Ich kenne eure Ordnung. Ich bin in Öderland geboren. Wo der Mensch nicht hingehört, wo er nie gedeiht. Wo man aus Trotz lebt Tag für Tag, nicht aus Freude. Aus Trotz, aus Tugend. Wo man die Schöpfung bekämpfen muß, damit man nicht erfriert und verhungert. Früchte der Arbeit, das sind die einzigen, die es in Öderland gibt. Es wächst uns die Muße nicht an Bäumen, die heitere, angstlose, freie, die der Anfang ist von allem, was Mensch heißt. Nichts ist Geschenk, alles bleibt Lohn. Und alles ist Pflicht. Und Überwindung ist das Höchste, was man sich denken kann, dort wo ich geboren bin. Überwindung und Verzicht. Man macht sich ein Gewissen daraus, daß man lebt, und jeder sucht nach einem Sinn, nach Ersatz für die Freude, die im Nebel nicht gedeiht. Denn unser Sommer ist kurz, und wehe dem Menschen, der sich der Lust ergibt, wo sie nicht ausreicht, weil die Sonne nicht ausreicht. Wehe! wenn wieder die Dämmerung kommt, wenn alles vergraut, und der Nebel, wenn alles ohne Maß ist, unwirklich, und es kommen die Gespenster der Verantwortung, es wuchert das Gewissen, bis man erstickt – oder ausbricht … Öderland, S. 309

»… im Grunde sind es drei oder fünf Menschen, denen wir ein Leben lang begegnen, immer die gleichen, und wenn man um die Erde liefe, da ist immer ein Mädchen, ein Gesicht wie das deine, jung, ernst, schüchtern und verwegen zugleich, wartend, gläubig, fordernd, und da ist immer ein Gendarm, der wissen muß, wie man heißt, wohin man geht, und immer, wenn man gehen will und nichts als gehen, gibt es Stäbe …« TB1, S. 70

Ob man es schon sieht? Die Hand zittert nicht, ich stolpere auch nicht oder selten. Heute habe ich wieder einmal mein Portemonnaie in einem Geschäft liegen lassen. Nach einer Stunde ist es aber noch da. Eine gelassene Panik als Grundzustand. Noch bemerke ich Fehlleistungen (gedankliche) nach einer Stunde oder nach Tagen; irgendwo auf der Strasse oder unter der Dusche fällt es mir ein, dass ein Satz, im stillen gedacht oder vor Leuten ausgesprochen, der bare Unsinn ist. Hirnzellen fallen aus, ja, und das ist schon geschrieben, ich weiss, ich weiss. Die Emotionen sind nicht lahm, im Gegenteil. Gestern mein Zorn in Gesellschaft von freundlichen Menschen; ich erinnere mich nicht, was diese Heftigkeit ausgelöst hat. Irgendwo ist ein Draht durchgebrannt, dann rauche ich vor Zorn und werde unerträglich –

TB3, S. 148

Einmal, ganz unerwartet, fragt er sie:
Ob sie denn mitkommen würde? Einfach mitkommen, auf und davon, über alle Berge?
Sie muß blinzeln, da sie den Kopf dreht und ihn anschauen will …
In irgendein Land, sagt er, wo es keinen Alltag gebe, wo man keinen Menschen kenne, wo man wirklich leben könnte, ohne Bindung und ohne Rücksicht, ohne alles, was nicht dazu gehört, ein wirkliches Leben, ein Leben ohne Gewöhnung, ein Leben voll

Erlebnis, ein Leben, wie es unsere Sehnsucht kennt, ein neues und anderes, ein lebenswertes Leben –!

Antwort, S. 96

Verhältnis von Lebensalter und Unwissen: welche mathematische Kurve ergibt das? Trotz Zuwachs an Wissen schnellt die Kurve mit dem Lebensalter: das Unwissen wird unendlich. Montauk, S. 1563

Wenn es stimmt, daß die Zeit nur scheinbar ist, ein bloßer Behelf für unsere Vorstellung, die in ein Nacheinander zerlegt, was wesentlich eine Allgegenwart ist; wenn alles das stimmt, was mir immer wieder durch den Kopf geht, und wenn es auch nur für das eigene Erleben stimmt: warum erschrickt man über jedem Sichtbarwerden der Zeit?
Als wäre der Tod eine Sache der Zeit. TB1, S. 135

Reinhart erzählte von der Entdeckung, auf die er vor Jahren so stolz war. Ein Einsturz war es, ein Krachen allerenden, und die Welt wurde reicher, reicher um die unabsehbaren Weiten des Entsetzens, um die Räume des Traumes. Alles Dasein mündete ins Grenzenlose. Es war die Befreiung zur ganzen Verzweiflung! Ein Rausch war es, ein Hauch von himmlischer Leere und Wachsein. Man weiß nicht, was unser Leben ist, aber man weiß, daß es nicht all das ist, was man sich vorzumachen müht; eines Tages weiß man es einfach. Es gibt kein Zurück! kein Vergessen hinter erlogenen Tröstungen!

Alles, was man so Erziehung nennt, ist eine Schule der Verheimlichung, Angst ist unser Erbe, Angst, geboren aus der Verheimlichung alles Wirklichen, alles Ungemütlichen, alles Ungeheuren, das da ist! Und ob es da ist; man wage einen Blick in die Zeit. Wir müssen leben und zeigen, was ist, gerade als Maler, die uferlose Wirklichkeit der menschlichen Seele. Und es kümmert ihn nicht, was alles sein sollte! sowenig es den lieben Gott kümmert, der alles so läßt, wie es ist. Wie sollten wir danken, daß wir leben! daß wir Wesen sind, die vergehen, die all das Zeitlose schauen und mit Schauer begreifen, daß sie sterben müssen, immerzu, damit sie die Schönheit begreifen und alles, was mehr ist als Schönheit, die auch nur ein Name ist, einer von vielen ... man müßte auch danken können für den Schmerz, für die Angst, für den Ekel, für die Öde, für die stiere Verzweiflung, für alles, was unser Herz erlebt, alles innerlich Wirkliche, was den Bogen unseres Lebens spannt, auch für das Ewig-Unsichere, das unser Leben in der Schwebe hält wie eine glühende Kugel! [...]

»Aber auch das genügt nicht ... Man weiß es in jeder ehrlichen Stunde, und doch malt man all die Jahre weiter! mit Talent, mit Erfolg, mit immer weniger Glauben. Man weiß, daß es noch ganz anderes geben muß auf Erden.« Schwierigen, S. 435f.

Wie die Winde sind die Möglichkeiten unseres Lebens, und warum wagt man nie, die Segel auszuspannen? Alles ist besser als ein Leben, das nicht gelebt ist, sogar das Unglück ist besser, der Schmerz und die Verzweiflung, das Verbrechen, alles ist besser als die Leere! [...] Leben ist Sehnsucht, und es könnte sein, daß das Verlorene größer ist denn alles, was man ergriff, und daß man erst wirklich lebt, wenn man den Mut zum Verlieren hat, wenn man alles abwirft, seinen Namen und sein Bürgertum und alles, nur sein Schicksal nicht, und wenn man lebt, als lebe man immer seinen letzten Tag – Antwort, S. 98f.

Endlich das Gewitter: – wie ich allein unter den Arkaden sitze in einem gelben Schaukelstuhl, ringsum rauscht es, ein plötzlicher Platzregen mit Wind, die Allee ist plötzlich ohne Menschen, wie Alarm, Knall der Storen, draußen die Spritzer über dem Pflaster: wie ein plötzliches Beet von Narzissen (vor

allem unter den Laternen) weiß –
Wie ich schaukle und schaue.
Meine Lust, jetzt und hier zu sein – HF, S. 865

»Wir leben wie die Ameisen, drüben im Abendland. Und wir könnten Menschen sein, so herrlich wie ihr … Einst, denken Sie, waren wir schon Kinder! Wir sahen Schmetterlinge auch bei uns, wir standen unter einem silbernen Wasserfall, nicht anders als die beiden Weisen auf Eurem edlen Bilde. Wir hatten Zeit wie sie, Muße, wir tauchten den Arm in den munteren Strahl, genau so. Heute ist es ein Bild an der Wand, bestenfalls. Wir sahen den huschenden Glanz im Innern der Muschel. Wir sahen alles. Wir hielten die Muschel ans Ohr; wir hörten das Meer. Wir hatten Zeit! Ich weiß nicht, wer sie uns genommen hat. Ich weiß nicht, wessen Sklaven wir sind. Wir leben wie die Ameisen, drüben im Abendland.«

Bin, S. 640

Geld: das Gespenstische, daß sich alle damit abfinden, obschon es ein Spuk ist, unwirklicher als alles, was wir dafür opfern. Dabei spürt fast jeder, daß das Ganze, was wir aus unseren Tagen machen, eine ungeheuerliche Schildbürgerei ist; zwei Drittel aller Arbeiten, die wir während eines menschlichen Daseins verrichten, sind überflüssig und also lächerlich, insofern sie auch noch mit ernster Miene vollbracht werden. Es ist Arbeit, die sich um sich selber dreht. Man kann das auch Verwaltung nennen, wenn man es sachlich nimmt, oder Arbeit als Tugend, wenn man es moralisch nimmt. Tugend als Ersatz für die Freude. Der andere Ersatz, da die Tugend selten ausreicht, ist das Vergnügen, das ebenfalls eine Industrie ist, ebenfalls in den Kreislauf gehört. Das Ganze mit dem Zweck, der Lebensangst beizukommen durch pausenlose Beschäftigung, und das einzig Natürliche an diesem babylonischen Unterfangen, das wir Zivilisation nennen: daß es sich immer wieder rächt. TB1, S. 58f.

Unser Leben geht hin, man weiß nicht wie, Frühling um Frühling, erste Abende bei offenem Fenster: – alles wiederholt sich, nichts kehrt uns wieder, Sommer vergehen, Jahre sind nichts …
Ein Jüngling schlendert hinab über die abendlichen Felder, die Pfeife im Mund, die Hände in den Hosentaschen, immer mit offenem Mantel, möglicherweise mit einem Brief in der Tasche, sonst aber allein, selig in den Schmerzen seiner Verwirrung, in Fülle seines Gefühles, in gläubiger Trauer und im

Ernst seines Übermutes, in all seinem unerbittlichen Drang nach Erfahrung. Er stapft über Zäune, quer über Felder mit verzetteltem Mist, er geht an einem Waldrand in letzter Sonne. Er stemmt seinen Fuß auf einen Baumstamm und klopft sich die Pfeife aus, Gerätschaft des Erwachsenen. Wenn er sie wieder gestopft hat, sind Jahre vergangen, man weiß nicht wie; die Vögel zwitschern noch immer, aber es sind Jahre vergangen, zum Lachen mehr als zum Begreifen; beim Anzünden der Pfeife sieht er plötzlich seine Hände, Veränderung seiner Hände, seiner Haut überhaupt. Es ist wie ein Spuk, ein albernes Märchen mit unheimlichen Zwergen, die dich verzaubern; das ist das Leben. Die Sonne ist untergegangen. Das also war es nun! denkt er, steht und raucht in der Kühle des schärferen Windes, der von den dämmernden Feldern kommt, über den fransigen Tannen steigt langsam das Messing des Mondes. Schweigsamer Zeuge so vieler Geheimnisse! Lauter rauschen die Quellen aus der Dämmerung, in einem Ringsum von Stätten des Abschiedes, Stätten der Erinnerung ist eigentlich alles noch gleich, nur deine Jahre sind daraus verflogen wie zwischen dem Anzünden zweier Pfeifen … und draußen auf dem Hügel schlendert ein Jüngling hinab über die offenen Felder! Immer ein andrer, immer derselbe, eine Rute in der Hand, jugendlich mit offenem und schlen-

kerndem Mantel geht er unter Gebirgen von ziehendem Gewölk.
Alles wiederholt sich:
Sterne sickern durch laublosen Wald, Frühling um Frühling, Vögel zwitschern und die Liebenden leiden umeinander, Lachen und Weinen gehen Arm in Arm, Briefe werden geschrieben und wieder zerrissen, und Erregung verklingt in Erregung, Sehnsüchte hangen offen in den Abend hinaus, springen wie Knospen, fast wehe vor eigenem Wachsein …

Schwierigen, S. 559f.

Für jedes Lebensalter, ausgenommen das kindliche, bedeutet die Zeit ein gelindes Entsetzen, und doch wäre jedes Lebensalter schön, je weniger wir verleugnen oder verträumen, was ihm zukommt, denn auch der Tod, der uns einmal zukommt, läßt sich ja nicht verleugnen, nicht verträumen, nicht aufschieben.

Stiller, S. 645

Vielleicht hat er daran gedacht, daß ja heute sein Geburtstag ist. Und daß er immer gesagt hat, wer mit dreißig Jahren noch nichts vollbracht habe, der könne sich getrost an den nächsten Baum hängen …
Er weiß nur, daß es kein Wiedergutmachen gibt, wenn

man sein Leben verpfuscht hat, kein Zurückgreifen in vergangene Zeit, kein Nachholen und Verbessern, keine Gnade; er weiß es wie noch nie, daß alles endgültig ist, was man tut oder nicht tut, jeder Irrtum und jedes Versäumnis, und daß auch dieses Dasitzen niemals wieder nachzuholen ist, und daß es immer weitergeht, unaufhaltsam, auch wenn man nicht weiß, wozu man sich rühren soll. Antwort, S. 57f.

Die Tochter des Hauses, die soviel Güte oder Sitte hatte, mit dem Fremdling zu warten, langweilte sich deutlich, spielte mit ihrem Fächer, während wir warteten; aber sie hatte die königliche Ruhe ihrer Jugend, deren Reich noch so groß, so unabsehbar ist: sie bangt nicht, geizt nicht mit jeder Provinz ihrer Zeit …

Bin, S. 636

»Bin«, sagte ich, »zuzeiten umflattert mich die Erinnerung an Dinge, die man erlebt haben muß – wie könnte man sich sonst erinnern! – eine Art von Glück, blau, nüchtern, rauschlos, ein Glück der morgendlichen Frühe, Erinnerung an ein götterhaftes oder kindliches Jungsein. Aber ich weiß nicht, wo es war.«

Bin lächelte.

»Ich kenne das«, meinte er. »Man hat das. Man dichtet es immer in seine Jugend zurück, was jetzt, da wir es für Erinnerung halten, Gegenwart ist: jetzt, in diesem Atemzug, und zum erstenmal –«

»Jetzt?«

»Glück!« meinte er nach einer Weile. »Es machte mich immer so hilflos, im Augenblick wußte ich nie, was anfangen, ich trieb durch die Gassen, ich landete bei Frauen, ich ging und besoff mich. Vor Glück! Verkleidet aber – im Gewande der Erinnerung, im Schleier der Wehmut, im Glanze des Verlorenen – erschreckt es uns weniger.«

So lagen wir lange und plauderten.

Der Abend war schön. Auf einmal war der Abend über den violetten Bergen so schön, so lauter und golden, so heiter, daß ich mich nicht erinnere, einen schöneren schon erlebt zu haben, nicht einmal einen gleichen.

Bin lachte:

»Das ist die Jugend!«

»Was?«

»Wenn man sich nicht erinnert, daß man ein Schöneres schon einmal erlebt hat, nicht einmal ein Gleiches –.« Bin, S. 610f.

Die Zeit verwandelt uns nicht.
Sie entfaltet uns nur.
Indem man es nicht verschweigt, sondern aufschreibt, bekennt man sich zu seinem Denken, das bestenfalls für den Augenblick und für den Standort stimmt, da es sich erzeugt. Man rechnet nicht mit der Hoffnung, daß man übermorgen, wenn man das Gegenteil denkt, klüger sei. Man ist, was man ist. Man hält die Feder hin, wie eine Nadel in der Erdbebenwarte, und eigentlich sind nicht wir es, die schreiben; sondern wir werden geschrieben. Schreiben heißt: sich selber lesen. Was selten ein reines Vergnügen ist; man erschrickt auf Schritt und Tritt, man hält sich für einen fröhlichen Gesellen, und wenn man sich zufällig in einer Fensterscheibe sieht, erkennt man, daß man ein Griesgram ist. Und ein Moralist, wenn man sich liest. Es läßt sich nichts machen dagegen. Wir können nur, indem wir den Zickzack unsrer jeweiligen Gedanken bezeugen und sichtbar machen, unser Wesen kennenlernen, seine Wirrnis oder seine heimliche Einheit, sein Unentrinnbares, seine Wahrheit, die wir unmittelbar nicht aussagen können, nicht von einem einzelnen Augenblick aus –.

Die Zeit?
Sie wäre damit nur ein Zaubermittel, das unser Wesen auseinanderzieht und sichtbar macht, indem

sie das Leben, das eine Allgegenwart alles Möglichen ist, in ein Nacheinander zerlegt; allein dadurch erscheint es als Verwandlung, und darum drängt es uns immer wieder zur Vermutung, daß die Zeit, das Nacheinander, nicht wesentlich ist, sondern scheinbar, ein Hilfsmittel unsrer Vorstellung, eine Abwicklung, die uns nacheinander zeigt, was eigentlich ein Ineinander ist, ein Zugleich, das wir allerdings als solches nicht wahrnehmen können, so wenig wie die Farben des Lichtes, wenn sein Strahl nicht gebrochen und zerlegt ist.

Unser Bewußtsein als das brechende Prisma, das unser Leben in ein Nacheinander zerlegt, und der Traum als die andere Linse, die es wieder in sein Urganzes sammelt; der Traum und die Dichtung, die ihm in diesem Sinne nachzukommen sucht –

TB1, S. 20

ROGER Glauben Sie an ein Leben nach dem Tod?
FRANCINE Ich weiß es nicht …
FRANCINE Ich weiß es nicht!
ROGER Ich bezweifle nicht, daß es die Ewigkeit gibt. Aber was verspreche ich mir davon? Es ist die Ewigkeit des Gewesenen.
ROGER Ich weiß nur, daß es ein menschliches

Bewußtsein ohne biologische Grundlage nicht gibt. Schon eine Gehirnerschütterung macht mich bewußtlos. Wie soll mein Bewußtsein sich erhalten nach dem materiellen Zerfall meines Hirns? – zum Beispiel wenn ich mir eine Kugel in den Kopf schieße … Ich will nur sagen: als biologisches Faktum ist der Tod etwas Triviales, eine Bestätigung der Gesetze, denen alle Natur unterworfen ist. Der Tod als Mystifikation, das ist das andere. Ich sage ja nicht, daß sie inhaltslos sei. Aber eine Mystifikation. Auch wenn die Vorstellung eines ewigen Lebens der Person unhaltbar ist, die Mystifikation besteht darin, daß der Tod letztlich die Wahrheit über unser Leben ist: Wir leben endgültig.

FRANCINE Und was heißt das?

ROGER Es gilt, was wir leben. Ich meine: die einzelnen Ereignisse unsres Lebens, jedes an seinem Platz in der Zeit, verändern sich nicht. Das ist ihre Ewigkeit. Triptychon, S. 732f.

Auf einem Gipfel gibt es ja nichts, was das Glück stört, es gibt nur diese schrankenlose Stille, und wie gut ist es, wenn man so mit geschlossenen Augen liegt und die Sonne durch die Lider glühen läßt, rot und blau und gelb, wie ein buntes Kirchenfenster. Oder wie eine blühende Wiese. Oder manchmal auch wie muntere Laternen, die durcheinander schaukeln und sich in einem Wasser spiegeln. Was kann man nicht alles sehen, wenn man seine Augen schließt und sein eignes Blut in seinen Lidern schaut! Da schwimmen Schiffe auf goldenen Meeren, und Küsten heben sich aus glitzernder Ferne, fremde Küsten und Türme darauf, und weiße Vögel, die um diese Türme kreisen und über dem silbernen Gischt. Da sieht man Blumen, lauter Blumen, die vielleicht Küsse bedeuten oder Tränen oder Wollust oder Tod, ein bluthеller Strauß, ein flimmernder Strauß, und leuchtende Bänder und Mädchen, die tanzen, man sieht die Töne, die sie singen, und alles ist Farbe, alles ist Leben, alles ist Wirbel; da gibt es keinen Stillstand und keine Leere, da gibt es Abenteuer, da gibt es das Glühen leidenschaftlicher Herzen, die nicht in grauer Asche ersticken, sondern verbrennen in Liebe, in Haß, in Lust und Leid, in allen Farben, die in deinem Blute sind, und die vorüberschwimmen, und die gelebt sein möchten … Antwort, S. 94ff.

Wenn man von Frieden redet, was ist gemeint? Gemeint ist meistens nur die Ruhe, die durch Vernichtung eines Gegners erreicht wird. Ein amerikanischer Friede oder ein russischer Friede. Ich bin weder für diesen noch für jenen, sondern für den Frieden:

den Nicht-Krieg. Wollen wir uns mit den Wörtern, die wir in den Mund nehmen, nichts vormachen, kann man mit vollem Ernst daran zweifeln, ob Friede überhaupt ein anständiges Wort ist, ein Wort, das etwas Mögliches bezeichnet, und das Unmögliche, das Bisher-Unverwirklichte, wieso soll es gerade unserem Geschlecht gelingen, das sich jedenfalls nicht durch sittlichen Schwung auszeichnet? Das einzig Besondere, was diesem unserem Geschlecht eignet, was es von allen vorherigen unterscheidet, ist seine grundsätzliche Lage: die technische Möglichkeit, eine gesamthafte Vernichtung durchzuführen, hat keine frühere Zeit besessen; der Krieg ist stets ein unvollkommenes Morden gewesen, örtlich beschränkt, sogar bei den sogenannten großen Glaubenskämpfen erlahmte er regelmäßig, bevor Gott die vollkommene Vernichtung der ketzerischen Partei gelungen war. Es fehlte nicht am Wahnsinn, das zu wollen, nur an den technischen Mitteln. Nun sind diese Mittel aber da, die nichts mehr zu wünschen übriglassen. Das ist das Neue, das Entscheidende an unsrer Lage. Unser Zeitalter kann sich den Krieg nicht mehr leisten, ohne sich selber auszutilgen. Die Frage: ein Friede im wirklichen Sinn, also ein Friede mit dem Gegner, ist das überhaupt möglich? wird mehr und mehr zur Frage, ob das menschliche Leben schlechthin möglich ist.

TB1, S. 239

Gäbe es nicht die Mittel moderner Medizin, die, fraglos eingesetzt, dazu führen, daß die meisten von uns sozusagen sich selbst überleben, ich weiß, auch ich wäre schon zweimal eines natürlichen Todes gestorben, und die Frage, wie man sein Alter bestehen wird, bliebe erspart, das ist richtig … Gantenbein, S. 1006

So soll der Tod uns eine Mahnung sein, dass wir einander in Liebe begegnen jeden Tag!

Triptychon, S. 734

Ihr Mann war sechzig. Er sagte es offen. Und sie war neununddreißig, wenn man ihr den Reisepaß verlangte. Es war also ein Unterschied von einundzwanzig Jahren. Und dann sagte ihr Mann: Verhältnismäßig wird ein solcher Unterschied immer kleiner; denn als er zweiundvierzig gewesen war und sie geheiratet hatte, war er doppelt so alt als seine Frau, und wenn er vierundachtzig sein würde, so wäre sie bloß noch ein Viertel jünger als er. Schwarz auf weiß pflegte er es ihr vorzurechnen. Aber sie konnte sich unter Zahlen nichts vorstellen. Sie mußte solche Unterschiede mit leiblichem Auge sehen können. Zum Beispiel: um sich einundzwanzig Jahre klarzumachen, mußte sie Jürg anschauen. Reinhart, S. 228

Unsere Sehnsucht nach Welt, unser Verlangen nach den großen und flachen Horizonten, nach Masten und Molen, nach Gras auf den Dünen, nach spiegelnden Grachten, nach Wolken über dem offenen Meer; unser Verlangen nach Wasser, das uns verbindet mit allen Küsten dieser Erde; unser Heimweh nach der Fremde – TB1, S. 22

Draußen war es ein betörender Abend. In den herbstlichen Gärten lag eine Wärme, die nur das Auge noch wahrnimmt und kostet. Die Blumen der Nähe, die letzten im Garten, Astern, welche die sinkende Sonne durchglomm, sie standen wie Sterne aus Blut. Das alles war schön. Es dämpfte mein Warten. Die Luft solcher Abende, sie ist wie ein blinkendes Gespinst, ein Glitzern von goldenen Fäden; geisterhaft rinnt es. Nichts ist zu halten, Wärme und Licht, o alles ist da, irgendwo rinnt es wie durch ein Sieb dieser Zeit. Es sickert in Schwärze der offenen Erde; es sammelt sich nirgends zur Hitze. Umsonst auch ist die Schale unsrer kleinen Hand; immerzu rinnt es … Bin, S. 637

Schlimm wäre der Verlust des Gedächtnisses –

Holozän, S. 1649

Lauter schöne Menschen, ich bewundere sie wie fremde Tiere, ihr weißes Gebiß in der Dämmerung, ihre braunen Schultern und Arme, ihre Augen – ihr Lachen, weil sie gerne leben, weil Feierabend, weil sie schön sind.
Meine Wollust, zu schauen –
Meine Begierde –
Vakuum zwischen den Lenden – HF, S. 868

Oh, nicht daß er meint, man müßte ihn mit Worten nennen können, seinen Lebenssinn, man müßte ihn denken oder gar beweisen können! Wo sich doch alles, was wahr ist, nur glauben läßt. Aber daß er in alles, was er unternimmt, so wenig Glauben hat, das ist es eben, und da ist mit dem Willen, wenn er noch so stramm ist, nichts geholfen.
Es ist schade; aber es ist so.
Sein Wille wird ihn in den Nordgrat schicken, in die Tat oder in den Tod, wie er früher sagte, und dabei fühlt er so klar, immer klarer, daß er ja nicht an die Tat glaubt. Auch wenn er den Berg bezwingt, wird er darum ein andrer sein? Aber wer keine Sehnsucht mehr hat, keine echte Sehnsucht, was bleibt ihm anderes übrig als der Ehrgeiz? [...]
Keine echte Sehnsucht und keinen echten Glauben, und nicht einmal weinen kann man mehr, wie als

Bub, kein Brennen ist in der Brust, kein Würgen im Hals, und wenn man sich auf den Boden werfen würde, so wäre auch das nur naß und lächerlich, denn auch der Schmerz reicht nicht mehr aus, nicht einmal der Schmerz, und man sitzt nur da, mit einer kalten und leeren Verzweiflung …
Mit gestorbenem Herzen. Antwort, S. 60f.

Frauen –
Viele Frauen!
Er kann nicht in der Einzahl denken.
Alle Frauen!
Und er denkt an ihren Schoß nur, in ihren Schoß; er denkt an keine, die er kennt, aber an alle, die er versäumt hat; Schöße; Münder und seine Zunge in ihren Mündern; wenn ihre Gesichter einander zum Verwechseln gleichen; dazu Wörter, die er nie ausgesprochen hat und deren Obszönität ihn seltsam befriedigt, indem sie Unbefriedigtheit erzeugt; Schöße, Lippen, Schenkel, Haare, Brüste, Augen, die ganz schmal werden dabei, und Schöße, Schöße, alle Schöße – Gantenbein, S. 1014f.

Warum reisen wir?
Auch dies, damit wir Menschen begegnen, die nicht

meinen, daß sie uns kennen ein für allemal; damit wir noch einmal erfahren, was uns in diesem Leben möglich sei –
Es ist ohnehin schon wenig genug. TB1, S. 27

Mag sein, es ist sehr unbescheiden, was man von seinem Leben erwartet; es ist sehr unbescheiden, daß jedes Geschöpf meint, es müsse einen Sinn haben. Am Ende sind wir nur Durchgang, Gefäße eines Lebens, das sich selber gefällt und genügt. Aber vielleicht, daß es auch leere Gefäße gibt, und wenn man allein im regnerischen Walde sitzt, warum soll man nicht ehrlich sein? So leer dünkt ihn alles. Manchmal ist man begeistert von einer Landschaft, von der Farbe einer ziehenden Wolke oder eines Wassers, das gerade in der Sonne glitzert, und man ist zufrieden, denn die Welt ist schön. Man ist glücklich und dankbar um sein bloßes Dasein in dieser Welt, und es ist genug, daß man in eine Blume schauen und ihre Staubfäden anfühlen darf. Oder manchmal kann auch ein Pilz, den man in die Hand nimmt und auseinanderbricht, sehr schön sein, oder ein Stück morsches Holz, das man aus dem nassen Baumstrunk löst und zwischen seinen Fingern zermalmt. Und man denkt vielleicht, das Schöne sei der Sinn dieser Welt, und der Sinn unseres Daseins, das sei vielleicht das Erleben, und auch das ist wahr und falsch, wie alle Gedanken, die man aufgreift; man kann sie schälen oder zwischen den Fingern zermalmen und immer wieder wegwerfen. Wie einen Tannenzapfen oder einen Pilz oder ein morsches Holz, das zerfällt. Und was uns zurückbleibt aus aller Begeisterung, die uns die Natur schenkt, ist immer nur die erwachende Einsicht, wie ausgeschieden du bist aus dieser Welt, die schön ist und vielleicht einen Sinn hat, wie ausgestoßen aus aller natürlichen Vollendung, wie einsam in deiner Leere, wie fremd und taub in dieser großen Stille eines solchen Waldes. Antwort, S. 58ff.

Mit silbernen Rändern schmolz das Gewölk vor der Sonne. Hinter Obstbäumen mit ihrem laublosen, beinahe schwarzen, kahlen und geisterhaften Gewirr der Äste blinkte der See aus dunstiger Tiefe, Wäldchen hoben sich inselhaft aus einem metallischen Gleißen … Sein eigenes Leben? Zwei Zustände hatte das Leben damals für ihn, Arbeiten und Büßen, wie er's nannte. Und Arbeiten, das war die Freude, das Fieber, die Erregung, wo einer nicht schlafen konnte, ein Jubel, ein Schrei über Stunden und Tage hinweg, wo er vor sich selber hätte davonlaufen mögen. Das war das Arbeiten, das Glück, das Menschen gewann ohne Wollen. Denn das erst, daß die Seele einsam sein könnte, machte sie offen! Und Übermut auch, der niemand verpflichtet, nicht bindet und fordert, nicht rechnet und geizt, Gebärde des Engels, der zum Nehmen keine Hände hat! Das war das Glück, das Arbeiten mit seinem holden Größenwahn des Herzens, wo alles nur ein Nebenbei ist, alles nämlich, was sich mit Menschen begibt, eine Zugabe, eine heitere Vergeudung im Überschuß der Freuden! Später zeigt es sich ja jedesmal, daß es das Höchste war, was zwischen Menschen möglich ist, unerreichbar, sobald es uns einmal zum Ziel wird, zum Bedürfnis, zur dringenden Hauptsache. Jedesmal dieser plötzliche Einbruch der Schwermut, die nicht kommt, weil Menschen gehen, plötzlich und ohne wißbaren Anlaß; im Gegenteil, sie gehen ja nur, weil die Schwermut kommt, sie wittern es Wochen voraus wie Hunde das Erdbeben, das alles Erbaute wieder verschütten wird, immer wieder, Asche über allem, Schwermut über allem wie schwarze flatternde Vögel über den rauchenden Stätten der Freude, Schatten der Angst … Das war das Büßen, jedesmal, der Nachhall im Zweifel, das Grauen der andern Einsamkeit.

Schwierigen, S. 433f.

»Wenn wir nicht wissen, wie die Dinge des Lebens zusammenhangen, so sagen wir immer: zuerst, dann, später. Der Ort im Kalender! Ein anderes wäre natürlich der Ort in unserem Herzen, und dort können Dinge, die Jahrtausende auseinanderliegen, zusammengehören, sich gar am nächsten sein, während vielleicht ein Gestern und Heute, ja, sogar die Ereignisse eines gleichen Atemzuges einander nie begegnen. Jeder weiß das. Jeder erfährt das. Ein ganzes Weltall von Leere ist zwischen ihnen. Man müßte erzählen können, so wie man wirklich erlebt.«

»Und wie erlebt man?«

»Du hast es selber gesagt: daß Dinge, die wir für Erinnerung halten, Gegenwart sind. Ich hatte noch nie darüber gedacht, ich fühlte nur öfter und öfter, daß die Zeit, die unser Erleben nach Stunden erfaßt, nicht stimmt; sie ist eine ordnende Täuschung des Verstandes, ein zwanghaftes Bild, dem durchaus keine seelische Wirklichkeit entspricht. Wer es wüßte, wie die Träume ineinander wurzeln, auseinander wachsen!«

»Was, meinst Du, hätte er gewonnen?«

»Er hätte noch viel zu erzählen, denke ich, fast alles –« Bin, S. 617

»Und es lebe ein jeder, der es versteht; lang ist die Nacht, kurz ist das Leben; verflucht ist die Hoffnung auf den Feierabend, heilig ist der Tag, und es lebe ein jeder, solang die Sonne scheint; herrlich ist er und frei ...« TB1, S. 79

Drei Uhr nachmittags ist eine fürchterliche Stunde, die Stunde ohne Gefälle, flach und aussichtslos, ich erinnere mich an die ferne Kinderzeit, wenn ich krank lag, und es war drei Uhr nachmittags, Bilderbücher, Apfelmus, Ewigkeit ... Stiller, S. 941

»Baronin, ich kann Gedichte bloß lieben, bloß nehmen und nicht geben. Und gefunden habe ich es übrigens in diesem Heft, wo sich die Hausgäste eintragen, die näheren Bekannten, bevor sie wegfahren. Es war eine österreichische Dichterin. Oder spüren Sie wirklich nichts vom Glück der Sprache? Und daß uns die Sprache retten kann, wenn ringsum alles vergeht, und daß sie eine solche Herrlichkeit bewahrt, wenn dieser Strauß längst verfault ist? Es ist zum Verzweifeln, Baronin, wenn man nicht malen kann und diese Farben nicht mitnehmen darf. Oder nicht? Und daß wir dann die Freude immerzu verlieren, weil sie uns zwischen den Fingern zerrinnt, diese ganze Welt, weil wir einfach nicht das Wort finden, wo wir sie hineingießen könnten. Und dann dieses Glück, Baronin, wenn wenigstens ein anderer kommt und dieses Wort bringt, wenn wir es ins Gedächtnis schließen können und es das einzige ist, wovon wir nicht Abschied nehmen müssen. […] Und Worte muß man aussprechen, Baronin, damit sie erweckt werden und aufleben in ihrem eigenen Klang; und dann ist es eine gebannte Schönheit, die nicht mehr quälend ist wie die Wirklichkeit. Sondern herausgerückt aus der Zeit. Ich meine: aus diesem unaufhaltsamen Verströmen aller Dinge ringsum. Oder nicht? Man hat sie.« Reinhart, S. 234

Wiederholung! Dabei weiß ich: alles hängt davon ab, ob es gelingt, sein Leben nicht außerhalb der Wiederholung zu erwarten, sondern die Wiederholung, die ausweglose, aus freiem Willen (trotz Zwang) zu seinem Leben zu machen, indem man anerkennt: Das bin ich! … Doch immer wieder (auch darin die Wiederholung) genügt ein Wort, eine Miene, die mich erschreckt, eine Landschaft, die mich erinnert, und alles in mir ist Flucht, Flucht ohne Hoffnung, irgendwohin zu kommen, lediglich aus Angst vor Wiederholung – Stiller, S. 412f.

Vom Sinn eines Tagebuches:
Wir leben auf einem laufenden Band, und es gibt kei-

ne Hoffnung, daß wir uns selber nachholen und einen Augenblick unseres Lebens verbessern können. Wir sind das Damals, auch wenn wir es verwerfen, nicht minder als das Heute – TB1, S. 19f.

Alles das kennt man. Wie die Melodie der Vögel; sie fällt in ein taubes Herz, es sagt: Ich kenne das, ja, es ist lieblich, ich kenne das. Das ist die graue Asche der Erfahrung. Sie legt sich auf alles, noch auf das Glitzern der Wellen. Man sieht die Pappeln, die Birken, die Mädchen im Wind; aber wie vieles an Freude, an Neugier, an sinnlichem Zauber, an Süße der Wehmut und Hoffnung, an Allgegenwart einer Hoffnung, die von keinem Mädchen und keinem Augenblick wußte, ob es nicht Anfang eines Abenteuers, eines ganz neuen und anderen und unvermuteten Lebens bedeutete, wie vieles ist hin! Einst, wenn man all diese Dinge sah, einst war man voll Jubel, den man im Überschwang nicht halten, nicht fassen konnte, und man meinte: wenn wir erst älter sind. Nimmer wird es gelingen, denn der Jubel, er ist aus den Dingen verflogen, nur die Erfahrung bleibt, nur die Asche der Erfahrung nimmt zu. Bin, S. 627

Leben als Oase –
der Tod als die Wüste ringsum –
Woher will ich das wissen? TB3, S. 20

Wieder einmal das bekannte Gefühl: fliegen zu müssen, auf der Brüstung eines Fensters zu stehen (in einem brennenden Haus?) und keinerlei Rettung zu haben, wenn nicht durch plötzliches Fliegen-Können. Dabei die Gewißheit: Es hilft gar nichts, sich auf die Straße zu stürzen, Selbstmord ist Illusion. Das bedeutet: fliegen zu müssen im Vertrauen, daß eben die Leere mich trage, also Sprung ohne Flügel, einfach Sprung in die Nichtigkeit, in ein nie gelebtes Leben, in die Schuld durch Versäumnis, in die Leere als das Einzigwirkliche, was zu mir gehört, was mich tragen kann … Stiller, S. 426

Es ist ganz offenbar, daß das menschliche Erleben, auch wenn wir uns außermenschliche Leistungen entlehnen können, mehr oder minder an den Bereich gebunden bleibt, den wir mit eignen Kräften bewältigen können. TB1, S. 46

Ich werde ein Greis.
Man wird ein Greis, wenn man sich zu nichts mehr verpflichtet fühlt, wenn man nicht meint, irgendjemand in der Welt irgend etwas zu schulden, und dazu braucht einer noch nicht am Stock zu gehen oder im Rollstuhl zu sitzen; es gibt auch wanderfähige Greise. Vorderhand erschreckt mich noch meine zunehmende Nachlässigkeit gegenüber Freunden, meine zunehmende Gleichgültigkeit gegenüber öffentlichen Ereignissen, meine zunehmende Freiheit …
Was geht mich Israel an? TB3, S. 85

Der Einsturz einer kleinen Trockenmauer, eigenhändig erstellt von einem Rentner, der anderes geleistet hat in seinem Leben, bedeutet noch nicht, daß der ganze Hang ins Rutschen kommt. Vermutlich gibt es Rinnsale da und dort und Fladen von Lehm, das gibt es immer bei langen Regen. Vermutlich ist an schroffen Hängen da und dort ein Baum gekippt, eine alte Tanne oder eine morsche Kastanie; dann liegt ihr Stamm hangabwärts mit zersplitterter Krone, die schwarzen Wurzeln spreizen sich in die Luft und der Fels liegt nackt zu Tage, Gneis oder Schiefer, anderswo Nagelfluh. Holozän, S. 1655

Es gebe ja auch Samen, die niemals aufgehen und niemals blühen, und wer könnte denn wissen, meint er, wie viele Menschen die große und verschwenderische Natur versuche, damit ihr einer gelinge, der wirklich lebt und der es bis an die Grenzen hin weiß, was es heißt, wenn er von Leben redet, von Schmerz, von Sehnsucht und Schaffen, von Glück? Er wisse das alles nicht; nur in Träumen ahne man manchmal, wie grenzenlos diese Namen noch wären, die jeder für seine Erfahrung mißbraucht, und wie wenig, wie lächerlich wenig man es erfülle, was man so sein Leben nenne. Und was nichts anderes sei, sagt er, als eine Kette von verlorenen Tagen, die immer hinter ihren Plänen zurückbleiben; Wochen und Jahre vergehen, und man verstünde es nicht, oft meine man, es sei alles nur ein einziger Tag, ein großer Alltag, der immer der gleiche ist: wenn man sich auszieht und die Zähne putzt, wie gestern und schon seit Jahren, und wenn man noch eine Weile auf dem Bettrand sitzt und wieder den Wecker aufdreht, langsam und mit der unleugbaren Einsicht, daß man wieder nichts erfüllt hat, wie gestern und schon seit Jahren. Und am Ende werde man keinen Atemzug gelebt haben, keinen Atemzug, wie es einer qualvollen Geburt oder dem einsamen Grauen eines Sterbens entspräche …

Dann lacht er:

Oder ob sie das schon Leben nenne, fragt er, wenn

man seinen Bart und seine Fingernägel wachsen sehe? Antwort, S. 80ff.

Ich habe nie einen ernsthaften Versuch unternommen, meinem Leben ein Ende zu machen; auch keinen unernsthaften. Ich habe nur oft, in jedem Lebensalter, dran gedacht. Wie ein Experte sehe ich da und dort die praktischen Möglichkeiten. Ich sehe einen Balken, der sich eignen würde. In einem Hochhaus kommt fast jedermann auf den Gedanken; hier wäre es ein einfaches und sicheres Unternehmen. Ich habe keinen Revolver im Haus, da ich nicht immer ein besonnener Mensch bin, und Freitod hätte ein besonnener Akt zu sein. Ich habe eine Bergstraße daraufhin besichtigt und kenne mindestens drei Stellen, wo kein Geländer ist, das wider Erwarten vielleicht standhielte, und wo es, vor allem bei Nebel, wie ein Unfall aussehen könnte. Die Bereitschaft dazu ist nicht selten, eine nüchterne Bereitschaft ohne vermeintlichen Anlaß. Montauk, S. 1590

Glück als das lichterlohe Bewußtsein: Diesen Anblick wirst du niemals vergessen. Was aber erleben wir jetzt, solange er da ist? Wir freuen uns auf eine Reise, vielleicht jahrelang, und an Ort und Stelle besteht die Freude größtenteils darin, daß man sich um eine Erinnerung reicher weiß. Eine gewisse Enttäuschung nicht über die Landschaft, aber über das menschliche Herz. Der Anblick ist da, das Erlebnis noch nicht. Man gleicht einem Film, der belichtet wird; entwikkeln wird es die Erinnerung. Man fragt sich manchmal, inwiefern eine Gegenwart überhaupt erlebbar ist. Könnte man unser Erleben darstellen, und zwar ohne unser Vorurteil, beispielsweise als Kurve, so würde sie sich jedenfalls nicht decken mit der Kurve der Ereignisse; eher wäre es eine Welle, die jener anderen verwandt ist, die ihr vorausläuft und wieder als Echo folgt; nicht die Ereignisse würden sich darstellen, sondern die Anlässe der Ahnung, die Anlässe der Erinnerung. Die Gegenwart bleibt irgendwie unwirklich, ein Nichts zwischen Ahnung und Erinnerung, welche die eigentlichen Räume unseres Erlebens sind; die Gegenwart als bloßer Durchgang; die bekannte Leere, die man sich ungern zugibt.

»Gehe fort, damit ich bei dir sei!«

Einer Landschaft gegenüber gestehen wir es noch am ehesten. Man ist nie da, wo man ist, und dennoch kann es nicht gleichgültig sein, wo man ist; der Ort, wo man ist, gibt den Angelpunkt, damit wir die Ferne in unser Erleben heben können. Wenn man jederzeit auf unsrer Stirne lesen könnte, wo unsere Gedanken sind, kein Mensch möchte mit uns die Gegenwart teilen. Zu Unrecht! Nur wenn er da gewesen ist, können wir zu ihm zurückkehren. TB1, S. 99f.

Mein Lebensabendhaus

Was ich mir also wünsche: – so ein älteres Haus, meinetwegen aus Holz (weiss gestrichen) wie die Häuser in New England, eine ehemalige Villa mit dreizehn Zimmern etwa und einer Veranda. Ausblick gegen Norden: Wald (aber nicht lauter Tannen) und fernere Hügel. Gegen Süden schaut man über Wiesen mit einem schwachen Gefälle, Bäume in Gruppen da und dort, kein Park, der absichtlich angelegt ist. Rasen gibt es nur gerade vor dem Haus, wo man im Schatten einer alten Buche sitzt. Keine Kieswege. Gegen Osten oder gegen Westen sieht man in einiger Ferne stückweise einen See, der gelegentlich blinkt; jüngere Gäste können dort nicht nur schwimmen, sondern auch segeln, ich meine: windsurfen. Das Haus, da es weiss ist, müsste wieder einmal gestrichen werden, aber das vermag ich nicht. Übrigens ist es mir nicht klar, wessen Eigentum das ist. Wahrscheinlich zahle ich da einen Mietzins. Soweit man von der Veranda aus sieht, darf nicht mehr gebaut werden. Die Bäume in dem Gelände, das keine Zäune zeigt, sind je nach der Gegend, wo wir uns befinden, entweder Apfelbäume,

Kirschbäume auch oder Birken, Erlen und so weiter. Im Winter liegt manchmal Schnee; man sieht Trittspuren von Wild. Die Bären sind ausgestorben. Ein Hochkamin in der Ferne. Die nächste Ortschaft ist klein, notfalls auch zu Fuss erreichbar. Dort gibt es eine Post und einen Bus in die Stadt, so dass ich auch Gäste habe, die keinen eigenen Wagen besitzen. Ich besitze immer noch meinen Jaguar von 1977, den ich kaum je benutze. Im Haus gibt es ein altes Piano (ich selber spiele nicht) und eine Bibliothek, die weit über meine Lesekraft hinausreicht, sowie ein grosses Kamin, wo ich, wenn ich keine Gäste habe, Abende lang sitze, ohne zu wissen, was ich denke. Die Küche ist geräumig, nicht gerade modern, aber praktisch; immerhin gibt es eine Geschirrspülmaschine und einen Kühlschrank. Das alte Ehepaar, das im ehemaligen Gesindehaus wohnt, ist ein Glücksfall. Sie sind in dieser Gegend aufgewachsen. Er besorgt den sogenannten Garten, obschon er hinkt, und bringt das schwere Holz, das ich noch selber spalte; sie besorgt die Einkäufe mit meinem Jaguar und kocht, wenn Gäste da sind, und kann auf der Schreibmaschine tippen, wenn auch langsam. Ich selber bin auch langsam, wenn ich diktiere. Sie haben einen Hund, der mich kaum stört, und Hühner, drei oder vier Gänse. Sie nennen mich beim Vornamen.

Ich reise nicht mehr …

(nur noch zu Begräbnissen.)
Wenn Gäste da sind, so bin ich nicht der Mittelpunkt; oft reden sie noch Stunden lang, wenn ich zu Bett gegangen bin, und am anderen Morgen, da ich in der Regel früher aufstehe, frühstücke ich allein, lese die Tageszeitung (es ist immer die Tageszeitung von gestern oder vorgestern) und mache meinen kleinen Gang (noch ohne Stock) fast bei jedem Wetter.
Ich gebe keine Interviews mehr …
Die Gäste:
Zum Glück sind es nicht nur Menschen, die ich schon lange kenne und die also meine Anekdoten schon kennen, meine sogenannten Ansichten, meine Marotten usw. Alle jünger als ich. Ich habe Mühe mit den Alten und bin lieber der einzige Greis im Schatten unter der grossen Buche. Oft sind es Paare. Es ist spannend, wenn man nach ein paar Tagen merkt, was mit einem Paar los ist. Natürlich spreche ich es nicht aus, was ich meine zu merken. Ich führe kein Gästebuch, weil Namen meinem Gedächtnis nicht helfen. Manche kommen nur ein einziges Mal als Paar, später kommt er oder sie. Oder beide nicht mehr. Es kommt auch vor, dass Leute, die sich zufällig hier getroffen haben in einem grösseren Kreis, später wiederkommen als Paar und meinen, dass ich es vorausgesehen habe. Dabei habe ich es so wenig vorausgesehen wie in einem anderen Fall

den Selbstmord. Insgesamt stehen vier Doppelzimmer zur Verfügung, drei Einzelzimmer. Vermutlich kommt es hier auch zu Ehebrüchen. Ihre Betten müssen die Gäste selber machen. Wenn alle Betten belegt sind, ist es manchmal zuviel; wenn ich eine Woche lang allein bin und in der Hängematte liege, bereue ich, dass es mir zuviel gewesen ist. Vor allem Kinder, so wie sie heute erzogen sind, können nervös machen. Gelegentlich ist es nur ein Einzelgast, die eine oder andere frühere Geliebte, jetzt eine reife Frau. Das kann schön sein. Oder mühsam. Eine ist Witwe mit fünf Kindern und frei und schätzt die Landschaft hier, das Haus findet sie etwas verlottert und zu gross für einen alten Einsiedler, und dass ich trinke, sieht man mir leider an. Warum ich das Trinken nicht lassen könne? Und Zigarren rauche ich auch noch. Daran ist ihr Mann gestorben. Viel zu früh, ja, und das ist auch schon sieben Jahre her. Sie kocht für uns, während ich in der Bibliothek stehe, die Hände in den Hosentaschen. Die Frage, ob sie hier draussen auf dem Land leben könnte, ist mir in all den regnerischen Tagen nicht eingefallen, nein, nicht einmal im stillen. Ab und zu kommt Gottfried mit Sybil, die er so weit befreit hat, dass sie ihm auch widerspricht; er liegt in der Hängematte draussen und ist nicht mehr verletzt, glaube ich, ein Freund wie einst oder anders: wir haben viel gemeinsam, woran wir beide nicht mehr glauben. Der eine und andere, der sich als Gast hier eignen möchte, ist leider verstorben. Es gibt einen Fernseher im Haus; ich schaue immer noch Sport, Fussball am liebsten, Tennis auch, Kunst kaum. Das kann Neid sein. Ich nehme es mir aber nicht übel. Überhaupt nehme ich mir weniger übel als früher. Das Alter, zum Beispiel, nehme ich mir nicht mehr übel. Das erweckt den Eindruck (nicht nur bei Gästen, sondern bei mir selbst) von Religiosität. Immer schön ist es, wenn Alice ein paar Tage hier wohnt. Sie spielt auf dem untauglichen Piano, während ich koche. Sie lacht, dass ich immer noch dieselben Speisen koche mit wechselndem Glück. Es geht ihr gut, glaube ich.

*

Zur Zeit streiche ich grad die fünf hölzernen Säulen der Veranda, VICTORIAN STYLE, glaube ich. Man kann nicht sagen, die Säulen seien morsch. Etwas verwittert sind sie. Wie alle Fensterläden auch. Wer wird all die Fensterläden streichen? … Wenn ich auf einem Stuhl stehe, erreicht der Pinsel gerade noch das Kapitäl und den Querbalken, wenn ich mich auf die Fussspitzen stelle. Ein Mal bin ich bereits von dem wackligen Sessel gefallen. Zum Glück hat es niemand gesehen, niemand gehört. Lebensabend auf dem Land …

Vielleicht ist der See, der im Osten, morgens, als schmaler Streifen blinkt, gar kein See. Ich bin noch nie dahin gegangen. Vielleicht ist es ein Sund! – und der Himmel, den ich von der Veranda aus sehe, ist Himmel über Meer …
Warum frage ich niemand?
Ich möchte mich nicht lächerlich machen.

*

Wenn ich an die hölzerne Villa denke, heute sehe ich keine Wiese, keine Birken weit und breit, sondern Heide. Ich mag die rötliche Heide. Offenbar befindet sich die Villa weiter im Norden, als ich angenommen habe, und das macht die Sommer kürzer, die Veranda nur wenige Wochen benutzbar. Vielleicht ist man im Winter hier eingeschneit; man hat Schnee zu schaufeln, wenn man zum Briefkasten gelangen will –
Trotzdem bleibe ich hier.
Wo ist das Pferd im Winter?

*

Ich streiche noch immer die hölzernen Säulen in der Veranda. Jemand schaut mir zu; ich fühle, dass jemand im grünen Schaukelsessel sitzt und zuschaut. Ein schweigsamer Gast. Als ich von meiner Malerarbeit aufschaue, ist der Schaukelsessel leer –
Es spielt aber jemand auf dem Piano.

Ich bin nie einsam.
Ich streiche weiter –

*

Wenn ich abends das Licht gelöscht habe und bevor ich einschlafe im Dunkeln, denke ich an die Fensterläden, die endlich gestrichen werden müssen. Ob ich morgen endlich dazu komme? Ich überlege, wie viele Fensterläden es eigentlich sind. Und wenn draussen der Morgen graut, denke ich sofort wieder an die Fensterläden, um zu wissen, wo ich bin. Kein Zweifel, dass ich eine Leiter brauche für die Fensterläden im oberen Stock. Inzwischen habe ich mich dafür entschieden, dass diese weisse Villa nicht in der Heide steht, obschon ich die Heide auch mag. Ich sehe Birken und Erlen, viele Birken. Ob es ein kleiner See sei oder ein Sund, was in der Ferne zu sehen ist, wenn es nicht regnet, habe ich noch nicht entschieden. Was das Innere der hölzernen Villa betrifft, so habe ich einen einfachen Grundriss bestimmt, den ich auswendig kenne, auch wenn ich am Vorabend zuviel getrunken habe – ich nehme das Telefon nicht ab, bevor ich mir im klaren bin, wo das alte Piano steht, wo die Standuhr mit dem Pendel (ohne das Gewicht dran, das zu einem Pendel gehört) und wo die Bibliothek. Ich sitze auf dem Rand des Bettes und denke an die Veranda mit den fünf Säulen und an das

Pferd, das draussen weidet und niemand gehört, und es verwirrt mich nicht, dass ich, wie das Telefon mich belehrt, zur Zeit in Paris weile –

COMMENT ÇA VA?

Ich erkenne die Stimme.

HALA! – UND WIE GEHT'S DIR?

Sie warte unten im Foyer. Wir werden also nicht in der Veranda mit den fünf Säulen frühstücken, sondern in einem Bistro um die Ecke.

*

Heute auf der Veranda ein langes Gespräch mit dem jungen Tschechow, der Tolstoi getroffen hat; er erzählt schüchtern, aber gerne.

Ein schwüler Nachmittag.

Morgen kommt Peter Noll –

Von Alleinsein keine Rede!

Franz, mein älterer Bruder, fragt mich, ob die Mutter auch schon hier sei – in dieser hölzernen Villa – und ob da jemand sei, der mir sozusagen den Haushalt besorgt. Er ist, wie schon zu seiner Lebenszeit, immer etwas um mich besorgt, aber nicht zudringlich mit seiner Frage. Warum hat Franz so wenig von sich erzählt?

Eine einseitige Brüderlichkeit –

Und nun ist es zu spät, das Muster bleibt: wir sitzen da und ich überzeuge ihn, dass diese Gegend für mich genau richtig ist, die hölzerne Villa darin ein Glücksfall, oder ich berichte von einer letzten Reise. Ich verstehe überhaupt nichts von Chemie, was sein Fach ist. Franz hingegen liest meine Bücher. Es sind noch drei Bücher, die ich nach seinem Tod geschrieben habe.

*

Warum ich mein Lebensabendhaus nicht in der Toscana sehe oder in der Provence? – ich sehe einfach Birken, viel Birken und Erlen, auch Nebel über Wiesen. Warum nicht am Bodensee? Unsere herbstliche Fahrt durch New England (vor zwei Jahren) war melancholisch, aber dort habe ich es zum ersten Mal gesehen. Im Vorbeifahren. Ein Pferd graste in der Wiese. Wenn sie zu Besuch kommt, könnte Alice reiten. TB3, S. 144ff.

Vielleicht müßte man unterscheiden zwischen Zeit und Vergängnis: die Zeit, was die Uhren zeigen, und Vergängnis als unser Erlebnis davon, daß unserem Dasein stets ein anderes gegenübersteht, ein Nichtsein, das wir als Tod bezeichnen. Auch das Tier spürt seine Vergängnis; sonst hätte es keine Angst. Aber das Tier hat kein Bewußtsein, keine Zeit, keinen Behelf für seine Vorstellung; es erschrickt nicht über einer Uhr oder einem Kalender, nicht einmal über einem Kalender der Natur. Es trägt den Tod als zeitloses Ganzes, eben als Allgegenwart: wir leben und sterben jeden Augenblick, beides zugleich, nur daß das Leben geringer ist als das andere, seltener, und da wir nur leben können, indem wir zugleich sterben, verbrauchen wir es, wie eine Sonne ihre Glut verbraucht; wir spüren dieses immerwährende Gefälle zum Nichtsein, und darum denken wir an Tod, wo immer wir ein Gefälle sehen, das uns zum Vergleich wird für das Unvorstellbare, irgendein sichtbares Gefälle von Zeit: ein Ziehen der Wolken, ein fallendes Laub, ein Wachsen der Bäume, ein gleitendes Ufer, eine Allee mit neuem Grün, ein aufgehender Mond. Es gibt kein Leben ohne Angst vor dem andern; schon weil es ohne diese Angst, die unsere Tiefe ist, kein Leben gibt: erst aus dem Nichtsein, das wir ahnen, begreifen wir für Augenblicke, daß wir leben. Man freut sich seiner Muskeln, man freut sich, daß man gehen kann, man freut sich des Lichtes, das sich in unsrem dunklen Auge spiegelt, man freut sich seiner Haut und seiner Nerven, die uns so vieles spüren lassen, man freut sich und weiß mit jedem Atemzug, daß alles, was ist, eine Gnade ist. Ohne dieses spiegelnde Wachsein, das nur aus der Angst möglich ist, wären wir verloren; wir wären nie gewesen …

TB1, S. 141

Auf der Welt sein: im Licht sein. Irgendwo (wie der Alte neulich in Korinth) Esel treiben, unser Beruf! – aber vor allem: standhalten dem Licht, der Freude (wie unser Kind, als es sang) im Wissen, daß ich erlösche im Licht über Ginster, Asphalt und Meer, standhalten der Zeit beziehungsweise Ewigkeit im Augenblick. Ewig sein: gewesen sein.

HF, S. 887

FRAGEBOGEN

1.
Sind Sie sicher, daß Sie die Erhaltung des Menschengeschlechts, wenn Sie und alle Ihre Bekannten nicht mehr sind, wirklich interessiert?

2.
Warum? Stichworte genügen.

3.
Wie viele Kinder von Ihnen sind nicht zur Welt gekommen durch Ihren Willen?

4.
Wem wären Sie lieber nie begegnet?

5.
Wissen Sie sich einer Person gegenüber, die nicht davon zu wissen braucht, Ihrerseits im Unrecht und hassen Sie eher sich selbst oder die Person dafür?

6.
Möchten Sie das absolute Gedächtnis?

7.
Wie heißt der Politiker, dessen Tod durch Krankheit,

Verkehrsunfall usw. Sie mit Hoffnung erfüllen könnte? Oder halten Sie keinen für unersetzbar?

8.
Wen, der tot ist, möchten Sie wiedersehen?

9.
Wen hingegen nicht?

10.
Hätten Sie lieber einer andern Nation (Kultur) angehört und welcher?

11.
Wie alt möchten Sie werden?

12.
Wenn Sie Macht hätten zu befehlen, was Ihnen heute richtig scheint, würden Sie es befehlen gegen den Widerspruch der Mehrheit? Ja oder Nein.

13.
Warum nicht, wenn es Ihnen richtig scheint?

14.
Hassen Sie leichter ein Kollektiv oder eine bestimm-

te Person und hassen Sie lieber allein oder in einem Kollektiv?

15.
Wann haben Sie aufgehört zu meinen, daß Sie klüger werden, oder meinen Sie's noch? Angabe des Alters.

16.
Überzeugt Sie Ihre Selbstkritik?

17.
Was, meinen Sie, nimmt man Ihnen übel und was nehmen Sie sich selber übel, und wenn es nicht dieselbe Sache ist: wofür bitten Sie eher um Verzeihung?

18.
Wenn Sie sich beiläufig vorstellen, Sie wären nicht geboren worden: beunruhigt Sie diese Vorstellung?

19.
Wenn Sie an Verstorbene denken: wünschten Sie, daß der Verstorbene zu Ihnen spricht, oder möchten Sie lieber dem Verstorbenen noch etwas sagen?

20.
Lieben Sie jemand?

21.
Und woraus schließen Sie das?

22.
Gesetzt den Fall, Sie haben nie einen Menschen umgebracht: wie erklären Sie es sich, daß es dazu nie gekommen ist?

23.
Was fehlt Ihnen zum Glück?

24.
Wofür sind Sie dankbar?

25.
Möchten Sie lieber gestorben sein oder noch eine Zeit leben als ein gesundes Tier? Und als welches?

FB, S. 7ff.

Quellenverzeichnis

Die Zitate in diesem Buch sind den folgenden Ausgaben entnommen.

Antwort	Antwort aus der Stille. Eine Erzählung aus den Bergen. Mit einem Nachwort von Peter von Matt. Frankfurt am Main, 2009.
Bin	Bin oder Die Reise nach Peking. In: Gesammelte Werke in zeitlicher Folge. Erster Band. Frankfurt am Main, 1976, S. 601-658.
FB	Fragebogen. Frankfurt am Main, 1992.
Gantenbein	Mein Name sei Gantenbein. In: Romane, Erzählungen, Tagebücher. Mit einem Nachwort von Volker Hage. Frankfurt am Main, 2008, S. 891-1162.
HF	Homo faber. Ein Bericht. In: Romane, Erzählungen, Tagebücher. Mit einem Nachwort von Volker Hage. Frankfurt am Main, 2008, S. 719-890.
Holozän	Der Mensch erscheint im Holozän. In: Romane, Erzählungen, Tagebücher. Mit einem Nachwort von Volker Hage. Frankfurt am Main, 2008, S. 1645-1732.
Montauk	Montauk. Eine Erzählung. In: Romane, Erzählungen, Tagebücher. Mit einem Nachwort von Volker Hage. Frankfurt am Main, 2008, S. 1527-1643.
Öderland	Graf Öderland. Eine Moritat in zwölf Bildern. In: Sämtliche Stücke. Frankfurt am Main, 1995, S. 259-344.
Reinhart	Jürg Reinhart. Eine sommerliche Schicksalsfahrt. In: Gesammelte Werke in zeitlicher Folge. Erster Band. Frankfurt am Main, 1976, S. 225-385.
Santa Cruz	Santa Cruz. Eine Romanze. In: Sämtliche Stücke. Frankfurt am Main, 1995, S. 7-76.

Schwierigen	Die Schwierigen oder J'adore ce qui me brûle. In: Gesammelte Werke in zeitlicher Folge. Erster Band. Frankfurt am Main, 1976, S. 387-599.
Stiller	Stiller. In: Romane, Erzählungen, Tagebücher. Mit einem Nachwort von Volker Hage. Frankfurt am Main, 2008, S. 359-717.
TB1	Tagebuch 1946-1949. In: Romane, Erzählungen, Tagebücher. Mit einem Nachwort von Volker Hage. Frankfurt am Main, 2008, S. 7-358.
TB3	Entwürfe zu einem dritten Tagebuch. Herausgegeben und mit einem Nachwort von Peter von Matt. Berlin, 2010.
Triptychon	Triptychon. Drei szenische Bilder. In: Sämtliche Stücke. Frankfurt am Main, 1995, S. 725-801.

Max Frisch
im Suhrkamp und im Insel Verlag
Eine Auswahl

Andorra. Stück in zwölf Bildern. BS 101 und st 277. 144 Seiten

Andorra. Stück in zwölf Bildern. Text und Kommentar. Kommentar von Peter Michalzik. SBB 8. 176 Seiten

Antwort aus der Stille. Eine Erzählung aus den Bergen. 171 Seiten. Gebunden.

Biedermann und die Brandstifter. Ein Lehrstück ohne Lehre. Mit einem Nachspiel. BS 1075. 88 Seiten. st 2545. 96 Seiten. es 41. 84 Seiten

Biedermann und die Brandstifter. Ein Lehrstück ohne Lehre. Text und Kommentar. Kommentar von Heribert Kuhn. SBB 24. 144 Seiten

Bin oder Die Reise nach Peking. BS 8. 136 Seiten

Biografie: Ein Spiel.
BS 225. 118 Seiten. Neue Fassung 1984. BS 873. 192 Seiten

Blaubart. Eine Erzählung. BS 882. 172 Seiten. st 2194. 172 Seiten

Die chinesische Mauer. Eine Farce. es 65. 112 Seiten

Dienstbüchlein. st 205. 161 Seiten

Don Juan oder Die Liebe zur Geometrie. Eine Komödie in fünf Akten. es 4. 112 Seiten

NF 662/1/5.10

Entwürfe zu einem dritten Tagebuch. 213 Seiten. Gebunden

Erzählungen. Zusammengestellt von Peter von Matt. st 3658. 272 Seiten

Forderungen des Tages. Porträts, Skizzen, Reden 1943-1982. Herausgegeben von Walter Schmitz. st 957. 399 Seiten

Fragebogen. BS 1095. 104 Seiten. st 2952. 96 Seiten

Homo faber. Ein Bericht. BS 87. 216 Seiten. st 354. 208 Seiten. st 2740. Romane des Jahrhunderts. 240 Seiten. st 3984. Großdruck. 339 Seiten

Homo faber. Ein Bericht. Text und Kommentar. Kommentar von Walter Schmitz. SBB 3. 304 Seiten

Mein Name sei Gantenbein. Roman. st 286. 304 Seiten. st 2879. Romane des Jahrhunderts. 336 Seiten

Der Mensch erscheint im Holozän. Eine Erzählung. st 734. 160 Seiten. st 3214. 148 Seiten

Montauk. Eine Erzählung. BS 581. 210 Seiten. st 700. 224 Seiten

Romane, Erzählungen, Tagebücher. Quarto. 1.782 Seiten

Stich-Worte. Ausgesucht von Uwe Johnson. st 2728. 254 Seiten

Stiller. Roman. 580 Seiten. Gebunden. st 105. 448 Seiten. st 2647. 432 Seiten

Tagebuch 1946-1949. 1966-1971. Zwei Bände. 1114 Seiten. Gebunden

NF 662/2/5.10

Tagebuch 1946-1949. st 1148. 415 Seiten

Tagebuch 1966-1971. 404 Seiten. BS 1015. st 256. 448 Seiten

Triptychon. Drei szenische Bilder. 114 Seiten. st 2261. 140 Seiten

Wilhelm Tell für die Schule. Mit alten Illustrationen. st 2. 112 Seiten

Briefwechsel

Max Frisch/Uwe Johnson. Der Briefwechsel. 1964-1983. Herausgegeben von Eberhard Fahlke. 431 Seiten. Gebunden. st 3235. 440 Seiten

»Im übrigen bin ich immer völlig allein«. Briefwechsel mit der Mutter 1933. Berichte von der Eishockeyweltmeisterschaft in Prag. Reisefeuilletons. Herausgegeben von Walter Obschlager. Mit Illustrationen. 328 Seiten. Gebunden

Zu Max Frisch

»Jetzt ist Sehenszeit«. Briefe, Notate, Dokumente 1943-1963. Herausgegeben und mit einem Nachwort versehen von Julian Schütt. Mit Abbildungen. 243 Seiten. Broschur

jetzt: max frisch. Mit zahlreichen Fotos, Dokumenten, Zeichnungen. Herausgegeben von Luis Bolliger, Walter Obschlager und Julian Schütt. st 3234. 348 Seite

NF 662/3/5.10